그곳에 내 스무 살이 살고 있다

그곳에
내 스무살이
살고 있다

이선화 시집

책을 내면서

그동안 모아두었던 원고들을 들추면서 마음의 주인이 되면 마음의 양식이 쌓인다는 것을 새삼 느껴보았습니다.
나는 나에게 시를 씁니다.
시에서 인생을 만들고 쓴맛과 단맛에 양념을 듬뿍 넣은 봄소식을 한 아름 안고 온 아파트 화단에 산수유가 만발한 것처럼요.
좋은 생각을 마음에 품은 채 말하고 행동하면 복과 즐거움이 지은 대로 쫓아온다고 합니다.

긴 기다림의 인고의 나날들을 뒤늦게 발간하게 되었습니다.

하얗게 내뿜어서 동그랗게 둘둘 감긴 시어들이 환하게 빛을 보기를 소망하면서 많은 분들께 감사드립니다.

항상 애정 어린 손길로 지도해 주시는 안도 교수님 웃음이 가득한 동심 문학으로 이끌어 주시는 김금남 회장님 언제나 다정다감하게 다독여주는 동심문학 회원님들께 감사드립니다.

그리고 글을 쓸 때마다 등 뒤에서
묵묵히 바라봐 주는 대장님, 딸, 아들,
엄마, 언니, 동생님께도 감사드립니다.

목차

제2부 | 유월의 노래

제3부 | 들꽃의 바다

제4부 | 그곳에 내 스무 살이 살고 있다

제5부 | 겨울 강가에서

작품해설

제1부
두류산의 봄

새참으로 바람을 먹었다

꽃마차 탄 월천동 문인들
봄 꽃맞이를 갔다
꽃빛으로 여기저기 불꽃 질러놓은
월천 툇마루에 앉아
푸른 들판을 지나온 솔잎향기와
은천색 한지로 불꽃주를 마셨다
형형색색 꽃나비들은
누구의 환생일까
꽃잎 위 날갯짓에 마음 설레어
발걸음을 멈추게 한다
봄볕 타고 온 제비는
황금 같은 시어를 물고
배틀 위 북처럼 꽃동산을 나르고
왕벚꽃 속에서 피어오르는
화사한 불꽃시어로 불을 켠다
높고 청아한 봄 하늘
떠가는 구름 따라

박새의 붉은 볼을 닮은 월천문인들
한 올 한 올 사양 않고
받아먹으며 시를 엮는데
나는 새참으로 바람만 먹었다.

커피 한잔하실래요

창가에 새초롬히 앉은 푸른 햇살이
창문을 밀치고 내 손을 잡아끈다
꽃망울 툭툭 벙그는 한옥 마을
풀 먹인 적삼 같은 봄바람은
꽃망울마다
짙은 커피 향을 뿌리며
추억을 되새김하듯
하루 일상을 부여잡고 나부낀다
봄소식을 두 손으로 잡으면
가슴에 요동치며
말갛게 풍겨오는 그 맛
입술을 대면 사르르 녹아서 빨려들고
온몸에서는 한옥마을의 향기가 피고
하얀 거품처럼 봄꽃이 핀다
어젯밤 촘촘히 빛나던 별들을
장미 가시로 콕콕 따다
커피잔에 담아 두었더니

밤새 달달 볶아낸 향기로
잠 많은 나를
이른 아침에 흔들어 깨우며 손을 내민다
커피 한잔하실래요.

노매(老梅)

낡은 볏짚으로 꼬아놓은
새끼줄을 밀치고
청매보다 두 뼘 작은 노매가
꽃송이를 무성하게 피웠다

한 줄기 봄바람 사이로
사각사각 꽃잎 부딪히는 소리
올 고운 향기를 치잉치잉 감고
꽃자리 펴느라 바스락거린다

물빛처럼 출렁이는 햇살은
발가벗은 꽃망울들을
통째로 삼키려는 듯
붉은 불을 달구는데

바지랑대 끝에 앉은 햇볕은
앳된 소녀처럼
경기전 뜨락으로 나들이 나왔다.

두륜산의 봄

봄 햇살에 걸린 도량을
마구 풀어헤치고
파아란 잎들을 깨며 나온 봄꽃들

봉숭아 꽃잎 뚝뚝 따서
삼십 일 숙성시킨 홍주처럼
산 능선에서 열반에 드신 부처님

사월 봄꽃 그늘에 앉아
연산 홍주 한두 잔에
눈길 닿는 곳마다
꽃불들을 활활 태운다

두륜산 불경 소리에
산과 들로 전전하던
꽃과 나목들은
중생들의 카메라 셔터 앞에서
단아한 포즈로 모델이 된다.

산수유 1

가지마다
노오란 물감을 콕콕 찍어놓더니
꽃샘 바람으로 닫힌 창문을
똑똑 두드린다

지난겨울
세찬 눈보라도 무던히 참고 견디더니
너는 드디어 꽃망울 터트리고 있구나

아련한 너의 손짓에 창을 열면
꽃잎 바람 껴안고 훨훨 날아와
명주실 같은 입김으로
꼭꼭 여민 가슴을 간질이더니

머지않아 빨간 멍울로 한을 맺어 놓고
불현듯 떠나면
나는 그 멍울을 따 담아서

네 젊은 날 노오란 풍선을 타고
찾아온 꿈을 되새기며
네가 생각날 때마다 입맞춤하련다.

산수유 2

토담 위 노오란 병아리들
우리 동네 홍보대사

봄 햇살 가득 한 짐 지고 와
오랫동안 비워 둔 육촌 오빠네 담벼락에
마당 구석구석에도 양념처럼 풀어 놓았다

사십 년 동안 집 짓고 알을 품었던
거미줄이 모두 걷히고
유리창 빗물 자국도
말끔하게 지워졌다

갈라진 마당은 시멘트로 메우고
수돗가 장독대 항아리마다
간장, 된장, 고추장이
무지갯빛처럼 곱다

삼월 삼짇날
노란 산수유 상큼한 꽃들이
새봄 단장한 오빠네 집을 찾아오더니
이웃에도 골목에도
온 마을이 발갛게 웃고 있다.

설빔

아직 떠나지 못한
묵은해의 잔해들이
골목 어귀에서 장승처럼 쌓였다

현관문 열고 목청을 돋우며
어머니를 부르는 소리가
다 갉아 먹힌 알밤들처럼
머언 기억 한 자락에 머물렀다

먹어도, 먹어도 배부르지 않던 시절
따뜻한 밥 배부르게 먹이고 싶었던 어머니
알밤이라도 먹고 배 채우라 하시며
한바탕 수다가 식탁 위로 흩어지고

알알이 깐 알밤을 저녁상에 올리시며
"이것도 묵어 봐라. 참 맛있데이."
"예, 어머니! 아주 달고 맛있네요."

옆에 서 있던 동생이 쩝쩝거리며
내 손에 알밤 두 알을 쥐여준다
말라비틀어진 꽃대들이
죄지은 사람처럼 계단 층층에
새봄을 재촉하듯 고개 숙이고 서 있다.

울돌목의 봄

바닷바람에 흥건히 젖은
연분홍 매화가
봄나들이 온 도시 사람들에 취한 듯
꽃 그림자 길게 늘어뜨리고
봄을 당기고 있다

나비처럼 날고픈 사람들
무슨 사연을 품고
저리도 흔들리고 있는지
봄바람에 섞여 오는
유채꽃들의 속삭임 같다

썰물 질 때마다 내리는 꽃비 사이로
어렴풋이 보이는 당신
어제 같은 전설로 줄달음치고

비상(飛翔)하는 저 갈매기들은

전생에 울돌목 전사였는지
경계하듯 우리의 주위를 맴돌더니
물소리 따라 날아간다.

용문사의 봄

폭포수에 정 하나 내려놓고
긴 세월의 실타래 푸느라
봄 아지랑이 타는 그녀

풍경 소리로 에워싼 뜰마다
까치가 흘리고 간
홍시 색 복사꽃 이파리들을
매달고 있다

어디서 물고 왔을까
앵두 빛 씨앗 하나
미륵님 전 앞에 놓고

중얼거리는
날다람쥐 한 쌍
전생의 인연 찾아왔나 보다.

꽃신

한옥마을 신발가게 알뜰리*에는
고무신들이
꽃으로 만발했다

산수유. 목련.
개나리. 진달래. 국화

개구쟁이 친구와
소꿉놀이하던 친구들이 신었던
그 고무신들이
상점 안 가득 꽃으로
올망졸망 피었다

사뿐사뿐 수놓고
함박웃음으로 꽃잎을 피운 주인이
어린 시절의 애틋한 추억을
팔고 있다.

---

* 한옥 마을에 있는 꽃신상점 상호

못다 핀 꽃 한 송이

촛불 타는 법당에
두 손 합장하고
수만 개의 껍질을
티 하나 없이 훌훌 벗는다

무수한 날들을
기다려온 가슴 속에서
시간의 그리움들이 피어나고
언제나 나를 꿈꾸게 했다

봄꽃처럼 찬란한 웃음을 몰고 와
슬그머니 내미는 손
사랑도, 미움도
끝내 잡지 못하고

윤회(輪廻)의 굴레에서 벗어나려
길게 내뿜는 숨소리마저

멀어져간 순간들
촛불도 내 마음 아는지 파르르 떤다.

마애삼존불의 미소

연분홍빛 물들인 산자락 아래
봄비에 젖은 촉촉한 향불
그 향내 온몸에 안으며
나만의 참선을 한다

쇠붙이에 지탱하고 서 있는
마애삼존불님
봄비처럼 눈시울 적시는 미소가
샤릉샤릉 우는 산새들처럼
가슴앓이 쿡쿡 쏟아 내는 듯하다

바윗돌에 감춰진 그 목소리
들리지 않아도
정겹지 않아도
만개한 꽃 무덤같이 날리고

받쳐든 우산 속 나는

깨어진 조각 하나 얻지 못한 채
느린 음표로 일렁이는 그 미소에
이솝우화 이야기인 양
전설로 꾸미고 있다.

갯바람

증도 바다에는
갯바람이 산다

700년 기다림의 바위에는
천사들의 바이올린이
봄 햇살로 화음을 퉁기고

절벽과 바위 틈 사이
난무하는 꽃들은
거칠게 저항하는
파도 소리에도 흔들림 없다

고봉밥 끌어 안고
인당수로 몸 던지는 짱뚱어 망둥어
생전의 지은 죄 씻기 위해
봄 향기로 화술 부리지만
물비린내만 분분하다

발아래 부서져 내리는
물보라 장단만 요란한데

검푸른 파도에
시 한 수 읊조리며
휩쓸려 가는 김삿갓처럼
노을은 갯바람으로 탄다.

만남

봄비가 바스락바스락 내리던 날
그와 만났다
준수한 외모 아담한 체격
주체할 수 없는 입담에
그의 뇌 속으로 들어갔다
입속으로 나왔다
빠른 하루가 가고 있다
그의 입담과 두뇌 방 속에는
뉴질랜드의 고풍과 전설이 살고 있었고
세파에 찌든 흔적들을
형형색색 바람으로 흩어놓는 듯했다
숭숭 구멍 뚫린 낙엽 위에
봄비처럼 만난 인연
온 누리에 내리는 단비가
시간을 다듬고 다듬듯
고국의 하늘을 채우고
방을 채우며

손가락을 세고 또 센다
그와 함께한 우리들의 그날은
바다 건너에 두고 온
가슴 설레는 연인이었다.

시골 장날

오 일마다 장이 서는 시골 장날
봄을 재촉하는 나물들이 줄을 섰다

구석진 모퉁이에 앉아
쑥, 꽃다지, 망태나물 팔던 울 엄니는
수건으로 얼굴을 가리고 고개를 숙였다

그런다고
내가 몰라볼 거라고 생각하는 걸까

아무리 숨어도
울 엄마를 한눈에 알아보는
내 눈인데

뽀글뽀글 파마머리
언니가 짜준 털실 스웨터

장미꽃이 단풍으로 퇴색한 헐렁한 몸빼 바지*
잃어버릴까 봐 써 놓은 선명한 이름표 털신
아무리 봐도 울 엄마다.

* 일본에서 들어온 옷으로, 주로 여성들이 노동용 또는 보온용으로 입는 바지

늦봄 길

갓 피어난 연초록 잎들이
아침이슬에
제 몸을 씻고 있다

늦깎이로 핀 개나리는
쭈그러진 이파리들을
온몸으로 감싸 안고 파르르 떨며

하루하루 마지막인 듯
더 살고 싶어
꽃잎처럼 날리는
이파리들의 숫자를 헤아린다

제 살 다 내놓고
골짝마다 시샘 부리는 봄꽃들
서로의 안부가
넋을 놓고 앉아 있다

꽃잠에서 미처 깨어나지 못한
새아씨 같은 어린 나무들
봄바람 타고 온 향기가 선잠을 깨운다.

간장 담그기

소금물 풀고 금(禁)줄 두른 항아리 속
일곱 덩이 메주가 뒹군다
항아리에
한낮의 햇볕 일곱 스푼
밤공기 다섯 바가지
새벽이슬 세 방울
빨간 고추와 숯검뎅이
그리고
어머니의 사랑과 언니의 정성
우리 집 남편의 내공도 함께 담근다
소금과, 콩으로 만든 메주 위에
대문 밖에 서성이는 새봄도
장독대로 끌어당겨서
야무지고 튼튼하게 생긴 항아리에 담가
햇볕이 잘 드는 장독대에 올려놓으면
넘실대는 맑은 물과
싹싹 목욕시켜서 넣은 잘 뜬 메주 틈에서

은빛 반짝이는 소금은 제 몸 녹여
함께 어우러져 잘 익어간다.

낙화

바람의 이랑 타고
붉은 속살을
겹겹이 벗어던지는 삼월

봄볕에
온갖 꽃들이 너털웃음 던지며
데구르르, 데구르르
굴러갔다 돌아온다

봄 잔치 벌이던 꽃잔디
통증을 앓는 젊은 연인들처럼
바람 따라 휘날리는 꽃잎에
연서 하나씩 띄워 보내고

한 잎 한 잎
떨어지는 꽃잎들
잊혀 가는 시간 앞에
가슴이 먹먹해 온다.

제2부

유월의 노래

유월의 노래 1 / 유월의 노래 2 / 유월의 노래 3
유월에 만난 이름 석 자 / 국회의사당 앞에서 / 사랑의 건반
내가 부른 자장가 / 영랑생가에서 / 백두산 천지 / 유월의 수채화
여수 나들이 / 풍금 / 커피들의 노래 / 들꽃 바다 2
새만금 바다 / 간이역의 풍경 / 남고산성 / 석류나무

유월의 노래 1

유월의 바람 속에는
아까시 향기를 닮은
그들의 냄새가 난다
멀리서 가까이서
젊은 그들의 울음소리가 들려온다

언제부턴가 6월만 되면
까치들이 요란스럽게 울었던 것도
우리는 모르고 있었다

60년 전 가난한 조국의 서러운 그날
이름도 잊힌 채
가야 할 길도 잃은 채
세월의 묵념
시간의 묵념
사색의 묵념이 되어버린 그들

나목 위에서 바이올린을 타듯
장미꽃이 붉은 이파리들을
강물에 흘려보내듯
한 올 한 올 떠나보낸다

마음을 흔들어 놓고 간
유월의 아픈 조각들
고향의 바람처럼
그때의 슬픈 이야기들을 실려 보낸다.

유월의 노래 2

또르르 말린 구름 사이로
한바탕 훑고 지나가는 소낙비도
유월만큼은 울보가 된다
풋사랑처럼 기다린
당신의 이름 석 자
당신을 위해 마련해 두지 않고
당신을 위해 그리워하지 않았지만
오늘만큼은 당신을 위해
비워 두고 싶다
낮은음으로 늘어져
오늘을 머물지 못한 시간은
반세기 모양만 흉내 내다
제자리걸음으로 빙빙 돈다
인적 없는 산사
달맞이꽃들은 고개 숙인 채
온몸으로 참선을 하고
빗방울 소리는

목탁 소리처럼 울린다
그날에 아우성치던
젊은이들의 선혈처럼
들녘에 날리는 짙은 녹음들
빗방울 소리 따라
목탁 소리 따라
뚜~욱 뚜~욱 떨어진다.

유월의 노래 3*

유월의 바람에서는 아까시 향기 닮은
그들의 냄새가 난다
멀고 가까운 곳에서
젊은 그들의 울음이 살아난다
언제부턴가 유월만 되면
까치들이 요란스럽게
울고 있었던 것도 나는 모르고 있었다
70년 전 가난한 조국의 서러운 그날
이름도 잊힌 채
가야 할 길도 모른 채
세월의 묵념
시간의 묵념
사색의 묵념이 되어버린 그들
나목 위에서 바이올린이
현악기를 타듯
장미꽃이 붉은 이파리들을

* 전북의 시 자연을 그리다 제10회 여원 시 낭송 공연 시

강물에 흘려보내듯
한 올 한 올 떠나보낸다
마음을 흔들어 놓고 간
유월의 아픈 조각들
고향의 바람처럼
그때의 이야기를 실어온다
풋사랑처럼 기다린 당신들의 이름 석 자
당신들을 위해 마련해 두지 않고
당신들을 위해 그리워하지 않았지만
오늘만큼은 당신을 위해 비워 두고 싶다
그날에 아우성치던
젊은이들의 선혈처럼
들녘에 날리는 짙은 녹음들
빗소리가 목탁 소리 따라
뚜 국 뚜 국 떨어진다
풋사랑처럼 기다린 당신들의 이름 석 자
오늘만큼은 당신을 위해 비워 두고 싶다
유월의 바람에선 아까시
향기 닮은 그들의 냄새가 난다
유월의 노래.

유월에 만난 이름 석 자

붉은 장밋빛보다 더 붉은 유월
찔레꽃 향기 타고 온 혈육의 정
이 산 저 산바람 따라 떠돌다
환갑이 다 되어 찾아온 이름 석 자

심장 깊이 무궁화 보듬고
어느 산골짜기에 잠들었다가
저승 가신 할머니 소식에 달려 왔을까
꿈속에서 잊지 못한 형제 찾아 왔을까

머리에서 발끝까지 버릴 것 하나 없이
영특하고 총명하다고
이승의 인연 놓으신 할머니 말씀
두견새 우는 그날처럼
아직도 생생한데

이제, 그만

그 업보 내려놓으시고
꿈처럼 잠드소서
바람처럼 훨훨 날으소서.

국회의사당 앞에서

지나간 시간은
풀지 못한 숙제들만
낡은 노트 구석에서
빼곡히 자리 지키고 있다
플라타너스 이파리가
햇살과 바람에 은빛 꽃으로
하랑하랑 내려앉는 오후
언니와 동생이 한 컷의 사진으로
국회의사당 잔디 위에 나란히 섰다
아버지 어머니 생각이 났던 것일까
고향 집 오막살이
철없던 시절이 그리워진 걸까
휘몰아치는 눈시울이 붉어지며
자꾸만 헛웃음이 나와
꽃다발 대신 두 손 꼭 잡았다
유월의 국회는
늦도록 해가 지지 않고
시간마저 갇혀있다.

사랑의 건반

낡은 괘종시계가
가보처럼 걸려있는 고향 집
목단꽃처럼 과묵한 어머니와
벚꽃처럼 잔정이 많은 언니가
벽난로가 보이는 창가 옆에
사랑의 하트를 날리며
사진 속에서 활짝 웃고 있네
연둣빛 감꽃이
아지랑이처럼 타는 마당
봄 바구니 가득
봄 노래를 담는 동생들
햇살 같은 커피 향으로
사랑의 건반을 두드리며
사랑의 바이러스를
골목으로 깔아 놓는다.

내가 부른 자장가

병원 침대 위로 논이랑 밭이랑 옮겨놓고
어영차, 어영차 모내기 끝내고
설렁설렁 고추 모종 심는다

하늘 바라다 보이는 창가에 서서
하루 종일
4분의 4박자 화음으로
밭고랑을 긁는 가문 숨소리

물러서지 못하는 세월
허옇게 드러난 머리카락
희생으로 살아온 삶 추스르지 못한 채
허리에 훈장 하나 달았다

무쇠처럼 단단하고
작은 고추처럼 맵고 야무진
꼽꼽쟁이 어머니

병원 침대 위로 논이랑 밭이랑 옮겨놓고
논두렁 타고 콩꽃을 피운다
밭두렁 타고 깨꽃을 피운다.

영랑생가에서

모란꽃
꽃불처럼 환하게 웃는 영랑 마당
은행잎 초록 그늘 아래
월천문인들이 자리 깔고 앉아
동백 숲에서 흘러나오는 시어들과 어우러져
점심을 먹는다
도시락에 담겨진 전주이야기는
빈 도시락에 담아두고
실비단 하늘을 떠가는 구름을 본다
햇살같이 따스하게 비치는 뜰에서
풀잎같이 싱싱하게 엮어낸
꼬마 신랑 윤식의 이야기
해설가의 이마에 땀이 흐른다
지금도 영랑의 마당에는
오월의 초록들이 도란도란
백 년 전의 이야기를 나누고 있다.

백두산 천지

이루지 못한 꿈 조각조각 꿰매고 꿰매서
백두산 천지 웅덩이에 소원 빌어 본다
전생에 얼마나 많은 업적을 남겼으면
이토록 아름다운 산하와 꽃들이
사시사철 떠받들며 피고 있을까
두근두근 가슴을 치는 방망이 소리가
땀방울로 흘러내린다
오고 가는 사람들 무슨 소원 품고 걸어갈까
굳게 닫힌 자물쇠를 움켜쥐고 기도문을 외워본다
태고의 숨결로 헐떡이며
내가 머물다 간 그 자리에 서서
네 이름 불러보고 싶다
천지의 향기를 안고
순백의 사랑으로 너를 안고 싶다
저 찬란한 웅덩이 바라보며
건강 행복 웃음
날마다 안개비로 적시고 싶다.

유월의 수채화

연둣빛 잎새 사이로
빨간 장미꽃 꽃망울이
유혹하는 유월

꽃길에 미소 짓는
사랑의 세리머니가
꽃잎을 뚝뚝 떨구면

마당 곳곳에
땀 냄새 묻어있는
필 하우스 한 채에

세월의 흔적처럼
조롱조롱 피어있는
장미와 초롱꽃은
가슴마다 메아리로 울리고

구이 저수지에서
숨어 우는 바람처럼
잊을 수 없는 그날

그대들의
가슴 깊은 곳 웃음소리
토방마다 수채화로 깔려 있다.

여수 나들이

낮술에 취한 갈매기처럼
땀으로 젖은 향내가
바다 바람 따라 허우적거린다

세월을 싸매고 있는
엉성한 몸짓들은
사랑만큼 넉넉하고
귓전을 맴도는 맛 깔스런 애창곡은
엉성한 몸짓으로 흔든다

해풍에 떠밀려
해안선 타고 있는
여수의 상춘객과 그들은

나들이 술 한 잔에
유유자적(悠悠自適) 심신을 흔들고

구겨진 손수건 사이로
유월의 바람은 한결 싱그럽다.

풍금

내가 다녔던 초등학교를 찾아가
교실문을 열고 들어서니
늙은 풍금 하나
푸석푸석한 먼지를 쓰고 나를 본다

지상에서 허공으로 쏘아 올린
내 나이만큼의 세월은
친구들의 카나리아 같은 목소리를
무음표 음향으로 조율하여
텅 빈 운동장으로 내보낸다

들릴 듯한 옛 노래는
햇살에 매달려 스러지는 눈송이처럼
풍금 위를 또르르 굴러 갔다
스스로 멀어진다

다시 침묵하는 풍금을 보며

교실을 나설 때
창문 틈으로 들어온 겨울 햇살이
현악기처럼 몇 번의 고운 음을 퉁기고
노을처럼 저문다.

커피들의 노래

갓 볶아낸 커피 향이
담장 높이 스멀스멀 올라가며

심장이 꿈틀거리듯
구불구불한 담장을 안고
바람이 들이칠 때마다 신음한다

바닷가서 둘이 마시는 쓰디쓴 에스프레소
달빛 향기가 가야금을 타는
무도회장에서 만난 보들보들한 까페라떼
청아한 세련미가 넝쿨을 타고
하루를 홀짝홀짝 마시는 네즈카페

며칠째 부는 칼바람은
이파리들을 헤집어 놓고
흐느적흐느적 부딪친 세월은
하늘에서 우르르 쏟아져 내리는

커피들의 향기라는 것을
승강기 어귀
빗물에 찢긴 포스터가
커피 향을 가득 안고
유리창에 착 달라붙어 있다.

들꽃 바다 2

낮과 밤의
산통(産痛)으로 피는 들꽃바다

잔잔하게 엮어 놓은 그리움들이
들이치는 물이랑 따라
휘청이며 우뚝 솟는 꽃대들

몇 송이는 누군가를 끌어 안고
몇몇 송이는 짙푸른 바다를
등대처럼 떠나지 못한다

느지막이 꼬리를 문 햇살
펄펄 끓는 파도 위를
거친 호흡으로 돌고 돌아
나이도 이름도 묶어 놓았다

묵은해 만큼이나

서걱대는 모성애
억센 파도를 밀어제치고
물고랑 따라 켜놓은 촛불

꽃불의 바다다.

새만금 바다

청명보다 높이 내려다보는 낮달이
넓은 평야에 어슴푸레 내려앉는다

갯벌 탑이 층층이 쌓인 바위 벤치
바람은 갈매기 등에 업혀
저 집인 양 쪼그리고 앉아
삶의 두께처럼 부서져 흐르는
쓸쓸한 바다를 본다

만선의 깃발도
어둠에 허둥대는 등대도
상처 난 마음을 충전이라도 하듯
비린내를 길어 올린다

수평선과 맞닿은 하늘
수심처럼 성벽을 이루고
물이랑이 들이칠 때마다

영혼을 흔드는 신곡처럼 출렁인다
뚝 방의 자운영 꽃밭
사랑의 체온을 느끼고 싶은지
총총걸음으로 마음의 충전이라도 하듯
나비 한 쌍이
입맞춤을 부채질한다

삶의 두께처럼
부서져 흐르는 쓸쓸한 바다
어슴푸레 다가오는 당신 얼굴
한 많은 음향처럼
갈대로 나부낀다.

간이역의 풍경

중복이 막 지난 거리에
플라타너스 잎들이
추억들을 푹푹 쏟아 낸다

내 손잡아 끄는 친구 찾아
우리 마을을 지나 고개 넘어서
차 한 잔 나누러 오 리 길을 간다

어느 시인의 웃음이
반사적으로 바람처럼 날리고
어지럽게 흔들리는 저울추에
겹겹이 얹어 놓은 시간처럼

짙은 커피 향 파스텔로
꾹꾹 찍어놓은 우정의 연서가
연둣빛 옥수수 향을 풍기며 다가온다

초등학교 담장 위
미처 떠나지 못한 개나리 몇 송이
자꾸만 나를 잡아끌고
할미꽃이 물끄러미 올려다보는

길모퉁이 지나
친구네 집으로 차 한 잔 마시러 간다.

남고산성

남고산성 묘비에 비가 내린다
둘레 길섶마다 시르릉 시르릉 우는
나뭇가지 앉은 산새
견훤왕의 슬피 우는 소리인 듯 들리고
이름 없는 돌무덤의 무성한 잡초는
지난날을 되새김하듯 온몸을 흔든다

떨어지는 꽃비가
그대 음성처럼 들린다
그가 떠나던 날도 봄비가 내렸을 것 같다
내가 산성 문을 열고 들어섰을 때
천둥 번개와 비바람이 함께 내리는 것을 보면

꽃잎이 눈물처럼 산 능선을 뒹구는
전주가 내려다보이는 돌 성에 서서
조용히 눈을 감는다
사월에 내리는 꽃비와

바람처럼 사라져간 당신의 견고함을….

석류나무

우리 동네 파리바게트 앞
내 키보다 세 뼘쯤 큰 석류나무가
주저리주저리 방울들을 달고 서 있다

보리, 밀, 단팥이 온몸에 배어
벌과 나비 새들도
쉼 없이 찾아 들고

우리 집 창문을 열면
앙큼한 석류 향기가
커피 잔에 섞여
나의 코끝을 자극한다

석류나무 그늘 아래서
친구를 기다리는
붉디붉은 내 얼굴에서도
망울망울 석류가 익어간다.

제3부
들꽃의 바다

파종

반 평 남짓한 텃밭의
고추랑 깻잎이랑 상추가
싱그러운 향기를
날마다 피워 올려 보냈었는데

3일 밤낮으로 쏟아놓은 빗물들이
뜻 모를 시위로 휘저어 놓았다

안개꽃처럼 하얀 꽃이 피기도 전에
흙탕물 옷을 입은 고추와 깻잎이
빗속에서 허우적거리고

미처 키워 내지 못한
어리디어린것들이
시간을 되돌려 달라며 아우성치듯
흙탕물에 떠밀려간다

빨간 나팔바지 입고 온다던 고추도
노오란 치마 펄럭이고 온다던 깻잎도
올 추수에는 볼 수가 없을 것 같다.

무지개

삼천육십오 개의 빛들이 모여
진도 바다에 무지개를 띄우고

노오란 물결이 일렁일 때마다
삼백육십오 개의 촛불들이
바다를 장식한다

묵념하는 목을 에돌아서
몸으로 흐르는 빗물을
젖은 수건으로 다시 닦는다

군함의 깃발들은 아우성치듯
붉은 피를 토해낸다
남해바다 물결은
바닷길을 에워싸고
타다 남은 촛불들은 사람을 부른다

진도 바다에는 오늘도
늙은 통통배들이 사람을 기다린다.

바다의 오후

폐선을 베고 누운 누런 햇살들이
모래알들을 땅바닥으로
내동댕이치는 오후

꽉 쥐었던 주먹을 펴고
알 수 없는 메시지들을
새만금 바다로 띄워 보낸다

쉼표 없이 내리쬐는 해님은
물비늘 그린 수채화로
시퍼런 날을 세우고
물 떼를 기다리는 등대지기를
붉은 피로 정신 줄을 놓게 한다

시간의 사투를 벌이는 어부들이
삶의 애환을 사고팔았을
먹다 남은 막걸리잔들이

갈매기 먹이처럼 뒹굴고

비릿한 냄새만 실은 갯바람도
햇볕에 그을린 짭짤한 바닷바람도
까칠하고 텁텁한 모래바람도
그들의 하루를 스케치하지 못한다.

바다

붉은 햇살 안고
출렁이는 제주도

파란 물결이
안개 같은 나이테를 업고
거문고 소리처럼
물보라를 퉁긴다

어제 아닌 내일을 꿈꾸며
살을 비비는 거센 바람
해안선을 밀고와 부르는 노래처럼

묶어 두고 싶은 시간 속에
노을을 등지고 뒤척인다
파도가 불러주는 자장가처럼.

장마

창가에 빗물이
이빨 빠진 양은냄비처럼
아침부터 쉼 없이 내린다

둥글고 우그러진 창틀 사이로
첩첩하게 내려
긴 허물을 벗어 놓듯
길게 선을 긋는다

싸늘한 유리 벽
착시처럼 파묻힌 빗물들
동정을 구걸하듯
질퍽한 창틀 사이로 파고든다

온몸을 유리창에 던진다.

파도

푸른 오월을 담은 바다는
몇 겹을 그어놓은 듯
바람결에 묻혀
은빛 갈채로 펄럭이고

노란 종이 위에 쓴
수만 개의 편지들을
파도에 돌 돌 돌 말아서
시간 여행을 하는 듯 간다

칼날 같은 파도에 눌려
돌아오지 못하는 세월들

가녀린 시간의 사연을
목이 터지도록 걸어 올린 채
뉘엿뉘엿 지는 달무리

바다로 팔려간 아이들의
울음을 건지고 있다.

아중 호수

역풍으로 뒷걸음치는 시간이
높고 넓은 하늘을 담고
구름을 띄우고
바다를 닮으려 한다

가슴을 활짝 열고
바람을 맞고서야
아코디언 소리와 나팔 소리가
저녁 햇살로 내려앉는 걸 알았다

바람과 클래식 음악이
호수를 두른 나뭇가지들 위로
설익은 커피 향을 걸쳐 놓으면
물주름 이끌고 가는 오리 떼

낯선 눈빛
시퍼런 그리움에

내 마음 풍덩 투신하는
아중 호수.

들꽃 바다 1

물 이랑이 밀려올 때마다
뒤척이며 떠밀려간다

사립문 밀어제친 모퉁이마다
느지막이 꼬리를 풀어헤치는 햇살이
바다에 담긴 물방울들을
봄볕처럼 사방으로 풀어 놓았다

송이송이 엮은
안개꽃 바다
높아진 햇살만큼이나
거친 호흡으로 다가오고

아직도 놓지 못한 인연의 끈
청춘의 꽃다운 날들을
붉은 피로 출렁인다.

몽돌해수욕장

바람이 바닷물을 삼킬 듯
사정없이 돛단배를 때리면
술 취한 듯 뱅글뱅글 돌다가
다시 그 자리…

수증기 뒤집어쓴 오곡밥이
인당수로 몸을 던지니

소리 내어 저항하던 파도는
영락없이 망둥어가 팔딱이는
게슴츠레한 모습이다

풍어 기원제로 촛농이 흐르는
몽돌해수욕장 돛단배는
종일 출렁인다.

용담댐의 풍경

암팡스럽게 하늘을 담고 있는 용담댐
자귀나무 사이로
꽃과 나비가 바람처럼 춤을 추고

붉은 햇살을 등에 업은 벚나무들
사랑을 피우느라 온몸을 달군다

손닿으면
쨍하고 금이 갈 것 같은 햇살
햇살 속에서는 해님의 웃음소리가
온 세상에 퍼지고

두 팔 벌리고 바람을 안으며
바람의 웃음소리가
구름보다 높이 올라간다

황톳빛 초여름 풍경이

용담댐 안에서 물결 따라 일렁이고
낮달 같은 참외 하나
내 앞에서 옷을 벗는다.

심포항 바다

파도가 운다
나도 따라 운다
바람도 내 뺨을 스치며 운다

나비처럼 사푼사푼 날아온
갈매기는 저 갈 길을 재촉하고
태양은 바다에 묻혀서 운다

밀려드는 낙조는
시퍼렇게 깃을 세우고
나의 그리움을
물거품으로 만들었다

저쪽의 바다 노을은
붉디붉은 홍시인 듯
산마루 매달려 있고

출렁이는 파도는
아쉬운 이별을 토하고
느림보 걸음을 한다.

지평선 위에 두고 온 그리움

추억이 꿈틀거리는 바닷가
파도가 때릴 때마다
하얗게 밀려오는 지평선

몇 겹의 시간을 태우고
거품이 깨어진 사이로
밤하늘 촘촘한 별들처럼
세파 따라 흔들리는 뱃고동

아직 지워지지 않는
까맣게 타버린 사랑
바람이라도 느끼고픈
보일 듯한 그리움

소라 껍질 잔설로
사랑을 목매어 불러보지만
바다만 출렁일 뿐이다.

모래성

푸른 물결이
갯벌처럼 출렁이는
변산 바닷가에 그가 살고 있다

추억을 잉태한 모래알들이
바닷물 속에서 묵은 때를 불리고
해풍과 조류로 집을 지어
방파제 쌓아 올리듯 연륜을 쌓았다

저만치 유영하며
내려앉는 햇살 한 바구니
내 가슴보다
뜨겁게 조약돌 하나 달구며

세월의 햇살을 깁고
나이테의 선을 깁는
그는, 모래공원에 홀로 핀
해당화처럼 웃으며 서 있다.

선유도

어둠에 밀려간 해가
선창가에 길게 누워
물보라 파도 따라 뒤척인다.

빈 배에 실려
밤새도록 축제로 휩싸인 듯
해롱거리던 도다리는
얄밉게 빈정댄다

노을 속으로
묻혀 가는 바다는
수없이 쌓아 올린 연륜을
잠시 바람에 머물게 한다.

새만금에 내리는 봄비

세차게 퍼붓는 빗속에서
그대 발걸음 소리 듣는다

빗줄기는 내치지 못한 채
철썩이는 파도에 몸부림치며
빗물로 씻겨 바다로 간다

갯비린내에 몸살 앓는 부둣가
층층이 내려앉은 나이테
하얗게 지워져 가는
푸른 파도의 숨소리

높은 음절로 뒤척이다
거미줄 엮이듯
엮고픈 풋사랑처럼
내 안에서 뱃고동 울리며 운다.

변산 바닷가에서

바람이 일렁이다가
옷깃을 스치며
파도 위로 잠긴다

설움을 토해내듯
머뭇거리는 발길
모래 위에 발자국 남기며

갈매기야
어이하여 너는 세월을 품고
몸부림을 치는 걸까

잊은 듯
잊히지 않는
사랑을 바보상자에 가두고

무심히 흐르는

나의 그리움
한 조각.

변산반도

햇살이 널브러진 바닷가
햇볕과 바람이
옷고름 풀어헤치고
한바탕 뒤엎고 갔다

석양빛에
융단 깔아 놓은 듯한
넓은 바다 평야

철마다 갈아입는 옷
한 번쯤 출렁이는 바닷물에
널어 말리며

해 질 녘 먼 산 부엉이가 울듯
시간을 안고 달려오는
변산반도

파도야 너는 아는가
밤새 내 마음도
너와 함께 출렁인 것을….

새만금의 물보라

청명보다 높이 내려다보는 낮달이
넓은 바다에 어슴푸레 내려앉는다

갯벌 모래가 층층이 쌓인 바위 벤치
제 집처럼 쪼그리고 앉은 바람이
갈매기 등에 업혀
삶의 두께처럼 부서져 흐르는
쓸쓸한 바다를 본다

만선의 깃발도
어둠에 허둥대는 등대도
상처 난 마음에 충전이라도 하듯
비린내를 길어 올린다

수평선과 맞닿은 바닷물
수심처럼 성벽을 이루고
물이랑 들이칠 때마다
영혼을 흔드는 신곡처럼 출렁인다.

제4부

그곳에 내 스무 살이 살고 있다

그곳에 내 스무 살이 살고 있다

바지랑대로 받쳐든
굵은 햇살들이 쏟아지던 그곳
혀 굽은 소리가 울타리를 넘어
문패 없는 집으로 들어가고
청춘들이 살던 골목길이 어슴푸레 스친다

유난히 꽃을 좋아하던 아줌마
종일 장기판만 들여다보던 아저씨
지금은 하늘나라에서
꽃밭과 바둑판을 밤하늘 별들로 그리고 계실까

자장면 한 그릇
둘이 나누어 먹던 서울 생활 접고
부모님 곁을 지키며 살겠다고 내려온 고향

해진 옷 서른다섯 벌
굽 닳은 구두 서른다섯 켤레

보자기에 꽁꽁 싸온 세월
이제는 저만큼 밀쳐두고
내 스무 살
그 시절로 돌아가
한 송이 고운 꽃 피워 보고 싶다.

나의 시

시(詩) 찾아 나선 지
강산이 몇 번을 변했는데
시상(詩想)은 여전히 제자리를 맴돌고
벼르다가 시 한 편 쓰려면
바위처럼 문을 열어주지 않는다

말없이 피어나는 연꽃 같은 시와
머무르고 싶었던 먼 산에서
바람 이야기처럼 전해주는
가슴에 담긴 시를 쓸 수 없을까

정지용 시비 공원에는
사랑하고 싶은 작가들의 시들이
하늘에서 잎새처럼 내려와
별처럼 나를 보고 있었다

생각의 이랑이 속살거리는 벤치에서

옛 친구가 들려주던 꿈같은 이야기가
지금도 들려오는
그리움 단단한 시 하나 건져 올리고 싶다.

몽당연필

슬픈 눈망울을 가진 그들을
심금처럼 울리는 바람이
쓱– 휘젓고 지나갔다

휠체어에 두 발이 묶인 장애인
몇 번이나 바닥을 구르다가
간신히 버스에 오른 그는
버스 구석 쪽이 제자리인 양
그 자리 지키고 있다

산산이 부서지는 내 마음
조각나 흩어지는 내 안의 양심
손끝을 스치듯 아픈 상처처럼
그를 포옹하지 못했다

썩은 이빨 사이로
단물 흘리듯 흐르는 침을

뭉뚝하고 거친 손으로 쓰윽 닦는 그는
페이지를 넘기다 멈춰 버린
윤기 없는 낡은 노트처럼
오래전 기억을 더듬거리고 있다.

그는 슈바이처 닮았다

아직 덜 깬 504호 병동의 아침
하루의 시작이 나의 품속으로 파고들 즈음
고요를 밀어내는 발걸음 소리가
복도 저편에서 들리면
발걸음보다 앞서오는 그의 웃음
아픔을 호소하는 이들의 친구가 온다

하루 두 번 오전 9시 오후 6시
그는 태양처럼 웃음빛을 안고
해바라기를 하는 여린 환자들의 병실마다
희망의 빛을 선사하고 간다
소중한 인연의 씨앗에
물 같은 사랑을 듬뿍듬뿍 주고
햇살 같은 따스한 정으로
고르게 잘 쓸어 담는 눈부신 그의 손

슬그머니 미끄러지는 내 안의 부끄러움이

민감하게 교차하며
내 머릿속은 하얗게 증발해버리는 것 같다
그의 하늘처럼 넓은 마음과 미소는
슈바이처를 닮았다.

여산재 북두칠성

여산재 언덕배기에 서 있는
북두칠성 닮은 시비 하나

바람 타고 일곱 마리 학이 날고
산 꿩은 늙은 느티나무 아래서
시를 읊조리며 재잘거린다

감칠맛 나는 황토 음식
구절초에 내려앉은 가을볕
나뭇잎 사연 닮은 여산재

밤 별들이 내려앉아
노닐다 가는 일곱 개의 방마다
솔향이 가득하고

여운정에서 내려다보며
날마다 행복을 충전하는

K. J. H 회장님

오늘은 보름달보다 더 밝다.

천 원의 행복

나는 요즘
나를 채우는 힐링 중이다

내 안의 울타리 풀어헤치고
웃음 바이러스 찾아 문을 나서며
오래전 잠자고 있던 힐링 레시피들이
시끌벅적 골목으로 나선다

연둣빛 감꽃이
사랑의 세리머니로 내려앉는
행복 필 하우스에 국화꽃처럼
미소가 뚝뚝 떨어지는 여인과
장미꽃같이 화사한 그녀가
일주일에 세 번씩 수채화로 그림을 그린다

커피향이 멜로디를 타고
햇살 같은 따스한 사랑이 건반을 두드리며

고르게 잘 섞어지는 커피와 사랑처럼
행복 바이러스가 천 원으로 그려진다.

빈집

햇무리가 창밖 가득 내려앉는 아침
대청마루에 걸터앉아
낡은 기둥 끌어안고
꺼억 꺼억 우시는 울 엄니
어머니의 통곡 소리가 클수록
거세게 저항하는 기둥들이
힘없이 땅바닥으로 내동댕이쳐지고
공기놀이와 땅따먹기하던 마당은
땅 많이 땄다고 우기기 좋아하던
동생들 마음을 알기는 했을까
쉬 떠나지 못하고
어설픈 흔적이라도 찾는지
되새김질이 연속인 어머니
육십오 년을 몸부림치며 일구었을
당신의 유일한 보금자리였던 집
흙더미 속에서
우리들의 어린 추억을 끌어안고
있을 것 같다.

마지막 인사

만발한 꽃 속에서 웃는 그에게
서른 해 바람과 햇볕으로 울더니
마지막 인사라도 하듯
오늘은 소나기 빛으로 다가온다

저만치 서 있는 들꽃들이
향기를 담아 향 깊은 엽서를 보내왔다고
내게 심술과 투정이라도 부리려는 심사인지
길섶마다 잡초만 무성하다

얼마나 서러웠을까
당신을 바라보는 내 마음도 절절한데
툭툭 차이는 잡초에게만 언성을 높이고
속 끓이다 땅바닥만 바라보았다

허망해 한들 무엇하리오
다음 생에 이 땅에 오시거든
하늘만큼 땅만큼 행복을 펴 나르시길 빕니다.

해바라기

툭툭 털어버리고 싶은 마음에
잊은 듯 잊지 못한 정으로
찾아간 효자공원

눈물 같은 바람을 방울처럼 매달아
햇살처럼 사랑으로 엮었다

이파리마다 흐느끼는
숙명 앞에 할 말을 잊은 듯

온갖 투정을 부리며
땅을 두드리는 희뿌연 안개가

40년 맺은 인연
헤집고 가는 정 눈시울 타고
해바라기처럼 빛난다

비바람에 씻기고 풍랑에 시달려도
넉살스럽게 내 귓전에 맴도는 그는
바람이 전하는 소리만 낼 뿐이다.

푸념

못다 한 말들이 가슴에 남아
해조류처럼 떠다닌다

바위 끝에 걸터앉은 가을 햇살이
바람을 휘어 감고 몸부림칠 때마다
생각은 하얀 하품을 길들이고

쭈그러진 양철통 추임새를 넣으며
바짝 마른 나뭇잎들이
푸념이 되어
능선을 타고 날아다닌다

바람에 뒤엉켜
쏟아질 듯한 동백 꽃망울들
꽃술들을 꽃잎 속에 감추느라 여념이 없고

벼랑 끝에 선 가을 햇살

궁지에 몰린 세월의 앙금들을
가슴 속에서
잡아 당겼다 놓았다 한다.

주막에서

텁하고 짭짭한 세월이
혀끝으로 느껴지고
두근거리는 가슴이
풍선처럼 부풀어 올랐다
땅으로 내려앉는 듯하다

얼마만큼의 시간을 비워야
내 안의 미움들을 비워낼 수 있을까
텅 빈 탁자 위에 쭈그러진 주전자가
나를 빼끔히 올려다본다

그 옛날 아버지의 노랫소리가
내 입속에서 흘러나왔다

잔뜩 골이 난 빈대떡 접시
탁자 위에서 빙그르르 돌다
투명한 괴성을 지르며 멈춘다

어둠은 창밖을 에돌아
주전자 속에서 찰랑거리고
아버지의 웃음은 주막집
벽보를 타고 내려온다.

꿈

꽃처럼 화사한 그녀가
인사 한마디 없이
팔랑팔랑 무지개 색 나비 따라갔다

내 시집을 받았다고
다른 친구들보다 제일 먼저
전화하고 싶었다면서
전화선 타고 까르르 웃던 그녀

백옥같이 하얀 미소가
청아하고 단아한 목소리가
밤새 수다 떨며 깔깔대더니
이른 아침 안개처럼 흔적 없이 갔다

무심코 들추어 본 달력 속에는
그녀가 영면 들던 날 만 3년이었다
창문 열고 하늘을 우러러보니

구름 한 점 침묵으로 흘러간다
그녀의 이름을
하늘에 그려 보았다
옥아….

버스 안에서

가을 햇살을 등에 업은
무명색 반창고가
주름진 손등에서 나이테처럼 뒹군다

반창고로 칭칭 감은 안경테 사이를
빠져나온 기침 소리
실밥이 터져 발가락이 나올 것 같은
낡은 고무신을 들썩인다

일상을 벗어난 사람들
힐끗힐끗 곁눈질하며
멋대로 일그러진 시야는
음악과 뒹굴고

구수한 누룽지 끓이는 냄새가
차창 안으로 스며들고
끙끙 앓는 늙은이 소리는

모래내시장으로 들어간다

휭하니 불어오는 바람버스
바닥에 놓인 고무다라 속
미처 못다 판 푸성귀
냄새를 푸념하고 있다.

강렬한 눈빛 선생님

우람한 체격
강렬한 눈빛이 그의 매력이다

말쑥하게 차려입은 그는
시곗바늘처럼 정확하게
분필 냄새 풍기는 칠판 앞에서
열변을 토해 낸다

천년의 향연처럼
황토 빛 얼굴과 구수한 사투리로
수많은 언어들과 해학을 묵묵히 쏟아낸다

12월의 창밖 햇살 같은
그의 가시고기들
쟁쟁한 눈빛으로
허기진 글을 채우고

아침 이슬 맞고 달려온
해님 같은 함박웃음을
수만 권의 책 속에
줄줄이 이름 지어 놓았다.

진안 장날

손에, 손에 들려온 쌀 포대들이
설원의 눈꽃처럼
제 모습 보고 놀라 뻥뻥 터지고
누워있던 골목들은 시끌벅적 문을 연다

뽀글뽀글 파마머리
진안상회 아주머니의 빨간 머리핀은
초겨울 햇살 받아
수수감 홍시처럼 단내를 풍기고
몽골 댁 어린아이들은 옹알이한다

토끼들이 살아나 톡 튀어 나올 것 같은
털모자 푹 눌러쓴 신발가게 서씨 아저씨
주름진 얼굴이 비칠 정도로
반짝반짝 닦은 구두를 내려다보며
허연 이 드러내고

검푸른 바다를 사십 년째 항해 중인
위풍당당한 소금 집 최씨 아저씨
큰아들 장가간다며
상점마다 막걸리 한 주전자씩 퍼 안긴다

속옷가게 무지개 색 양말들
막차 놓친다고 안절부절못하는 할머니
올겨울 바람막이로
막차에 실려 갈 즈음

생선 냄새를 주머니에 담은
모퉁이 어귀 채소가게 아주머니
움켜쥔 두 손 사이로
몽땅 떨이에 장날이 저문다.

사랑방

- 효도회 사무실 -

올바름과 사랑이 가꾸어온
연륜의 가지에
날마다 웃음소리가 열린다

행운목처럼 믿음직한 회원들
미숫가루 한잔에도 행복을 나누고
정처럼 모여서 세월을 비켜 세운다

아지랑이로 피어나는 목련꽃
은은한 향기를 자랑하는 은목서

상사화 꽃물 스며드는
한 폭의 그림 속에
홍시 감 주렁주렁 엮어놓은
삼층 옥탑방 같은 사랑방

원처럼 둥글고 돌처럼 단단한

온돌방 불 지펴 한 생을 퍼 담는
겨울 호롱불 같은 효도회.

서도역

갓 볶아낸 구절초 몇 송이
대합실 벤치에 앉아
가을 해에 취해 있다

산수화처럼 걸려 있는
주인 잃은 시간표

한 줌의 햇살 사이로
총총히 뿌려 놓은 그의 미소
바람 따라 기적을 울린다

호남선 탯줄인 기차역
역무원의 깃발이
톱니바퀴 같은 그림자를 물고

달마다 해마다
하얀 그리움처럼
시만 읊조리고 있다.

백양사

간간이 날리는 눈송이가
백양사 뒷마당 작은 연못에
잉어처럼 팔딱이다
동그라미 그리며 합장한다

자욱이 깔리는 불경 소리
뜰마다 소원 담은 오색 댕기
길게 늘어놓고 소원을 빈다

바람 따라 출렁이는 햇살이
서둘러 사립문을 나서며
넘어야 할 산은 아득한데

오래된 이력서가 계절을 잊은 듯
굳게 다문 입 모양을 하고
절 마당에 흩어진 봄 햇살을 담는다.

삼천동 막걸리

찌그러진 주전자 속에
오밀조밀한
얼굴들이 빙그르 돈다
담배 연기 속으로 뒤엉킨
임의 눈물은 고개 떨 구며
비틀거리다 주춤거리고
어쩌다 마주친
여인의 입술보다 새침한
술과 술잔은
쪽쪽 거리며 호들갑 떤다
달그림자 지는 한여름밤
삭풍을 가슴으로 안은 그 사내
어설픈 풋사랑은
옥수수 숫자만
헤아리다 만 텅빈 자리처럼
악보 없는 하모니카 되어
애절하게 울어 댄다.

제5부

겨울 강가에서

썸

그녀는 썸을 탈 줄 안다
조그마한 소리에도 민감하게 행동하고
높이 세운 콧대를
키보다 더 높이 세우기에 바쁘다
어쩌다 나와 마주치기라도 하면
세상을 다 가진 듯 기세가 당당하다
목욕재계하고 치장하는 날은
백년 묵은 여우처럼
꼬랑지 길게 늘어뜨리고
내 사랑을 조른다
저도 미안함은 아는 걸까
속 알머리 없이 눈길 흘리고
추억 좇는 밤
그녀는 지금
내게 썸 아닌 썸을 타려 한다.

cham in cafe에서

고풍스런 풍경이 걸려 있는 벽
지나간 시간들이 묶여있다

사람들이 빠져나간 카페
테이블마다 끄지 못한 화음이
코끝까지 환해지는 꽃향기 같다

촘촘히 깔린 일상들이
온몸으로 솟구치는 음악처럼

나의 손을 잡고
스텝, 스텝을 밟으며
철없는 한 사내가
앳된 소녀처럼 우왕좌왕한다

노을이 내려앉는 창가
심금을 울리는 그린 빛 환상곡
살짝 덧칠하는 중이다.

부부

- 유학희님 회갑에 -

현악기가 하모니를 타는 오늘
어딘가 닮은 듯한 부부
같은 삶은 서로를 따르는 걸까

꽃잎이 바람에 흔들려서 아름답듯이
동산 위에 푸른 잎들이 아롱거려서 아름답듯이
연륜의 가지에 사랑이 결실을 맺었다

살굿빛 친구들과 형제들이
막걸리 한잔에 신세타령하거든
넘치는 것 비우고
모자라는 것 채우라 답하시고

들꽃같이 싱그럽고
동구 밖 둥구나무처럼 든든한
한 권의 책처럼
마음의 향기처럼

천지 사방으로 널려있는 사랑
비둘기처럼 모으고 모으다가
남은 반평생 행복하소서!.

녹차라떼

하늘이 파랗게 내려다본다
들판은 푸르게 올려다본다

365일 양지바른 언덕에
요조숙녀인 양 다소곳이 앉아
앳된 속살을 드러내 보이고
파푸런 향기를 풀빛처럼 쏟아낸다

눈치 없이 재잘대는 참새 떼
묵은 시간을 더듬어
하루 햇살을 장식하고
사방에서 흘러내리는 푸른빛들은
성큼성큼 내딛는 발자국 따라 앞서간다

수양벚꽃 늘어진 나무 아래
날다람쥐 두 쌍
무슨 재주가 있어

우전차 설록차 익히고 있는지
구경꾼 소리가
길목마다 구수하고
구경꾼 입담이
하루 햇살처럼 풋풋하다.

햇살 담은 사랑

전주대의 학부모 초대를 받고
교문을 들어섰더니

너울거리는 신록이
아까시 꽃향기 데불고
먼 곳까지 마중을 나왔다

알알이 익어가며
아우성치는 꿈나무들
온몸을 진한 액체로
미래를 뒤흔들며 요동친다

방황을 끝내고
새로운 출발의 신호를 기다리는
저 교실에는
어떤 꿈들이 피고 있을까

나도 나를 잊었던
가물거리는 학창 시절
고개 돌려보니
무수한 글씨만 자리한다.

추석빔

내 어린 날 초등학교 교문에서는
추석빔을 입은 코스모스가
여덟 빛깔로 강강술래를 추었지

만개한 꽃송이들
잘게 부서지는 햇살 아래서
붉은 원을 그리며
꽃무늬 새기던 그날

쟁반 같은 낮달이
길섶마다 내려앉아
반달 같은 송편을 빚었지

어린 시절 색깔만큼이나
그리운 추석빔을 입고
초등학교 앞에서 기다리고 싶다
코스모스 같은 얼굴들

그냥 그곳에 둥글게 모여
꽃잎들과 뒹굴며
햇살 춤추었으면 좋겠다.

가을 풍경

가을은
책 한 권을 읽는 것 같다

바람 소리에서 계절을 읽고
자연에서 오복을 얻고
단풍잎에서
한 권의 책을 읽는다

눈부신 햇살도
말없이 흘러가는 구름도
토닥토닥 내리는 빗속에서
받쳐든 일곱 개의 우산도 스케치하고

멀어져가는 기차 꼬리에서
눈물처럼 떨어져 내리는
세월의 나이테도
흐르는 계절 속에서 만큼은

풍성한
한 권의 책이 된다.

생강차를 마시며

텁텁한 향이 웃음을 정제하듯
우윳빛 커피 잔으로 내려앉는다

회초리 맛, 아픈 맛, 매운 맛
뒤범벅이 된 생강라떼(latte)*
얼음 덩어리로 화를 달래 본다

팍팍하게 내려앉는 무거운 삶
밤길을 홀로 걷는 가슴앓이처럼
마음속에 갇혀버린 시어들이
나오려 하지 않는다는 걸 안다

대추 한 알이 깊은 향을 우려내고
한 권의 책이 마음을 읽고
거문고가 한 편의 시음을 퉁기듯

---

* 뜨거운 우유를 탄 에스프레소(espresso) 커피

푹 젖은 생강 향기처럼
시 한 편 읊조리며
내 안의 촛불 하나 켜두고 싶다.

가을 영상

찬바람에
나부끼는 잎새가
깊고 은밀한 이야기로
시선을 끈다

단풍나무 사이엔
고요함이 새들의
지저귐 쉬쉬하고

들국화 향 짙은
그리움으로 쏟아 붓는다

따가운 햇살이 다가와
마음을 비운 날이면
이름 없이 묻혀진 사연들
발가스런 낙엽이 된다.

엘리베이터

값싼 향수 냄새 풀풀 풍기는 좁은 공간
거울 창으로 곁눈질하며 힐긋거리며
두툼한 입술 내밀고 쏟아 붙일 듯
껌 씹는 소리가 진동처럼 짝짝거린다
생존경쟁의 상자에 갇혀 사는 모습들
열등감을 의식해서일까
등만 보이고 돌아선 사람들
텅 빈 운동장에서 골키퍼가
골 대를 지키려 안간힘을 쓰듯
한바탕의 거친 숨소리
툭툭 털어내고
부서지는 침묵에 시선을 멈춘다
닫힌 문 틈 사이로 저녁 냉기가
시린 발을 궁지로 몰아넣고
하얀 그림자처럼 비웃는
벽보에 붙은 글씨들이 수근거린다
"지금 뭣 하세요."….

모래내시장

기념일 태극기 꽂힌 전신주 아래
독립 만세를 외치듯
목청을 돋우는 시장 상인들
허기진 배를 소리로 채운다

새벽이슬 먹고 달려온
배추 여덟 포기 이만 원
한낮 기운으로 다 팔리고

푸른 바다를 잃어버린
찌그러진 널빤지 위의 생선들
주인장 호령에 두 눈이 벌겋다

덤이 낙엽처럼 흔한 오후
떨이를 외치는 소리가 주눅이 들고
서둘러서 짐을 꾸리는 모래내시장
하루해 너무 짧다.

사랑을 캐던 날

나뭇잎이 하나 둘
옷을 벗기 시작하는 들로 나섰다
낡은 밀짚모자를 쓴
허수아비가 두 팔을 벌리고
우리들을 마중했다
속살을 겹겹이 싸안은 어린순들이
어머니가 들이대는 낫을 보고
말똥말똥 올려본다
슬렁슬렁 고구마 순들을 거둬들이고
땅을 파고 흙을 헤치며
비지땀만큼이나 주렁주렁 매달려나온다
차디찬 흙이 자신의 온몸을 덮었어도
실하고 튼튼하게 잘도 자랐구나
둥글둥글한 것은 언니 닮았고
울퉁불퉁한 것은 나를 닮았다
바람이 가을을 몰고 가는
온 들판은
사랑 냄새가 난다.

첫눈

스으윽 스으윽
윈도우 브러쉬인가
차창에 모여드는
옛사랑의 기억들을 밀어낸다

마지막 잎새를 보내지 못한
빨간 맹감나무 열매에도 눈이 내린다

맹감나무 화음으로 떨고
눈옷 입은 늙은 소나무
순수의 빛으로 구부러져 있다

도로 팻말 콧등은
이정표처럼 하얗게
겨울로 안내하고

눈 덮인 길을

바퀴 자국 남기며 달리는 자동차
쌓이는 눈 꽃송이들이
빙산처럼 눈 외투 입혔다
노송 위에 첫눈이 내려 쌓인다.

겨울 강가에서

강 언저리
겨울 하늘을 끌어안은 눈꽃
어머니의 젊은 날 치마폭처럼
바람 없어도 깃발을 달고 기다린다

얼지도 못하고
물비늘 지으며 설레는 겨울 강
어머니의 첫사랑이 저리했을까
그 강물은 어디쯤 흘러갔을까

갈대의 속삭임
바람은 겨울 속에서 잠을 잔다
쩍쩍 울던 겨울 강도
갈대숲에서 잠이 들었다

햇살 한 움큼 껴안은 긴 도랑
눈발 등지고 시린 발 동동거리는

숙(琡) 순(珣) 화(嬅)*

해처럼 달처럼 꿈처럼

겨울 강둑 햇살로 서있다.

* 琡 (이름 숙) 珣(이름 순) 嬅(이름 화)

겨울 장미

노동부청사 담장에
겨울 장미가 피었다

폭설로 반쯤 찢겨져 나간 포스터가
이름표들을 줄줄이 매달고
묵직하게 앉아있고

손수레 끌며
허기에 지친 사람들

겨울밤 내린 폭설을
흰 고봉밥으로 보았는지
땅바닥에 주저앉아
시린 손을 얹는다

무심한 시간 속에서
한쪽 날개 부러지는 소리가

들릴 때쯤이면
어둠이 묻은
희망의 조각들을 주워 들고
고함 소리만 쩌렁쩌렁 울리며
노동부청사 골목을 가는 사람들.

겨울 바다

지금 막
클래식 음악이 흐르는
겨울 바닷가

푸르던 지난날들이
교차 되는 사이
어둠이 짙어지고

철썩이는 물결 위에
알 수 없는
쓸쓸함이 자리 잡는다

그 속에서
보일 듯 보이지 않는
시간과 그리움은

육십 년의 세월을

바닷물 속에 담아
잘근잘근 밟아본다.

산밤

산은 높아 아득하고
신발은 낡아 다 해져
발길이 힘들다

후드득후드득
햇살처럼 떨어지는 밤송이가
산길을 재촉하고

가방 속 두둑한 햇밤들은
자기를 반겨줄
집으로 먼저 고개를 내밀고

가쁜 숨을 헐떡이며 돌아보니
산 능선 바람은
굽이굽이 돌아
남루한 내 신발보다 앞서가고 있다.

새만금은 아직 겨울이다

온 산야가
부르르 떤다
열두 달의
진통을 이겨내느라

내일을 꿈꾸다가
어제를 침묵하더니
오늘은 소용돌이에 휘말린다

야망의 투망을 던지며
햇살만큼이나 무거운
설움이 쌓이고

바다 어디쯤
구멍 뚫린 선박 한 척
매서운 물살에
천지 사방이 아프다.

겨울 강

한 줄기 바람에
겨울 강이 흐른다

모든 시름 잊고
녹아내리는 얼음 덩어리가
삶의 두께처럼
쩌어억 쩌어억 운다

바람 불면 파르르 퍼지는
무시(畝時)의 햇살 위로
실실 웃던 해님이
베일에 쌓여 쫓기듯 가고

어둠이 내려앉는
강 둘레길 위로
고운 음향이 후드득 후드득
얼음 건반을 두드린다.

작품해설

불심 속에 선禪을 합일

안 도 (문학평론가)

1. 불심과 선禪

이선화 시인의 시詩 가운데는 불심佛心의 시정신이 내재 되어있는 시구詩句들이 많다. 결국 존재나 부재의 모든 것이 불타의 세계로 돌아간다. 다시 말해 가아假我가 없고 진아眞我만 있는 세계로 귀의한다는 불자로써 모든 업보를 벗고자 한다. 또한 진정한 해탈로 진입해야 한다는 불심 짙은 염원과 갈구가 있다.

> 촛불 타는 법당에/ 두 손 합장하고/ 수만 개의 껍질을/ 티 하나 없이 훌훌 벗는다// 무수한 날들을/ 기다려온 가슴 속에서/ 시간의 그리움들이 피어나고/ 언제나 나를 꿈꾸게 했다// 봄꽃처럼 찬란한 웃음을 몰고 와/ 슬그머니 내미는 손/ 사랑도, 미움도/ 끝내 잡지 못하고// 윤회輪廻의 굴레에서 벗어나려/ 길게 내뿜는 숨소리마저/ 멀어져간 순간들/ 촛불도 내 마음 아는지 파르르 떤다. –「못다 핀 꽃 한 송이」

불교에서 인간은 전생의 업業에 의해 지배되고, 미래의 고통과 쾌락을 결정한다고 본다. 전통적 수행 방법인 고행과 명상을 통해 윤회의 굴레에서 벗어나 해탈하고자 한다. 위 시에 촛불 타는 법당에 두 손

합장하고 수만 개의 껍질을 티 하나 없이 훌훌 벗는다고 했다. 이것이 바로 윤회의 고통에서 벗어나 해탈을 추구함이다.

무수한 날들을 기다려온 가슴 속에서 시간의 그리움들이 피어나고 언제나 나를 꿈꾸게 했다. 그러면서 봄꽃처럼 찬란한 웃음을 몰고 와 슬그머니 내미는 손인데 사랑도, 미움도 끝내 잡지 못하고 윤회輪廻의 굴레에서 벗어나려 길게 내뿜는 숨소리마저 멀어져간 순간들 촛불도 내 마음 아는지 파르르 떤다고 했다.

해탈의 경지로 가려는 마음을 지금 이 순간 직면하면, 그 순간이 바로 소박한 해탈의 경지에 이르는 시발점이 되는 것이다. 이선화 시인은 봄꽃처럼 웃음을 몰고와 슬그머니 내미는 해탈의 손을 잡지 못함을 아쉬워하며 사리사욕을 버리고 소박한 우리들의 본성으로 한걸음부터 같이 가는 해탈을 꿈꾸고 있다.

> 연분홍빛 물들인 산자락 아래/ 봄비에 젖은 촉촉한 향불/ 그 향내 온몸에 안으며/ 나만의 참선을 한다// 쇠붙이에 지탱하고 서 있는/ 마애삼존불님/ 봄비처럼 눈시울 적시는 미소가/ 샤릉샤릉 우는 산새들처

럼/ 가슴앓이 쿡쿡 쏟아내는 듯하다

– 「마애삼존불의 미소」 중

이선화 시인은 향불과 쇠붙이에 지탱하고 서 있는 마애 삼존불을 통해 그 향내를 온몸에 안으며 나만의 참선을 한다고 했다. 선禪은 부처님이 보리수 아래 앉아 체득한 깨달음이다. 인간의 생로병사를 고민하던 부처는 명상하여 불생불멸하는 진리를 깨쳤다.

이 깨달음으로 인류 역사에서 최초로 인간이 생로병사의 상대 세계에서 깨어나 영원한 행복의 절대 세계를 개척했다는 것이다. 이선화 시인은 30여 년의 불자佛者로서 오랫동안 불심을 간직하며 선禪을 실천해왔다.

따라서 시인은 처음부터 선禪의 합일을 통해 본래의 모습으로 되돌아가는 깨달음을 지닌 시인이다.

이 외에도 그의 불심이 나타난 사들은 다음과 같다.

봉숭아 꽃잎 뚝뚝 따서/ 삼십 일 숙성시킨 홍주처럼/ 산 능선에서 열반에 드신 부처님 – 「두류산의 봄」

어디서 물고 왔을까/ 앵두 빛 씨앗 하나/ 미륵님 전 앞에 놓고// 중얼거리는/ 날다람쥐 한 쌍/ 전생의 인연 찾아 왔나 보다. –「용문사의 봄」

윤회(輪廻)의 굴레에서 벗어나려/ 길게 내뿜는 숨소리마저/ 멀어져간 순간들/ 촛불도 내 마음 아는지 파르르 떤다. –「못다 핀 꽃 한 송이」

이제, 그만/ 그 업보 내려놓으시고/ 꿈처럼 잠드소서/ 바람처럼 훨훨 날으소서.

–「6월에 만난 이름 석 자」

자욱이 깔리는 불경 소리/ 뜰마다 소원 담은 오색 댕기/ 길게 늘어놓고 소원을 빈다. –「백양사」

인적 없는 산사/ 달맞이꽃들은 고개 숙인 채/ 온몸으로 참선을 하고/ 빗방울 소리는/ 목탁 소리처럼 울린다/ 그날에 아우성치던/ 젊은이들의 선혈처럼

–「6월의 노래」

2. 이선화의 궤적軌跡

이선화 시인은 경남 함양군 안의면의 소박한 가정

에서 8남매 중 둘째로 태어나 당시에는 누구나 겪었던 가난 속에서도 다복하게 자랐다.

양친을 모시고 살다가 10여 년 전 아버지를 여의고 지금은 고향을 지키고 있는 어머니와 출가한 8남매 모두가 건강하게 살고 있다. 그리고 김장을 할 때나 명절 또는 기념일이면 모여서 오순도순 정을 나누는 전형적 한국형의 다복하고 축복 받는 가정이다.

> 낡은 괘종시계가/ 가보처럼 걸려있는 고향 집 / 목단 꽃처럼 과묵한 어머니와/ 벚꽃처럼 잔정이 많은 언니가/ 벽난로가 보이는 창가 옆에/ 사랑의 하트를 날리며/ 시진 속에서 활짝 웃고 있네/ 연둣빛 감꽃이/ 아지랑이처럼 타는 마당/ 봄 바구니 가득/ 봄 노래를 담는 동생들/ 햇살 같은 커피 향으로/ 사랑의 건반을 두드리며/ 사랑의 바이러스를/ 골목으로 깔아 놓는다. ―「사랑의 건반」

고향 집에는 낡은 괘종시계가 가보처럼 걸려있고 벽난로가 보이는 창 옆에 걸린 액자 속에 목단 꽃처럼 과묵한 어머니와 벚꽃처럼 잔정이 많은 언니가 하트를 날리며 활짝 웃고 있다, 고향집 풍경을 한눈에 알 수 있다.

그리고 연둣빛 감꽃이 아지랑이처럼 타는 마당에

떨어져 나부끼고 봄 바구니 가득 봄노래를 담는 동생들이 햇살 같은 커피 향으로 사랑의 건반을 두드린다고 했다.

피아노 건반은 화음의 생명이듯 동기간의 우애를 짐작할 수 있다. 그러니 자연히 사랑의 바이러스가 바람을 타고 골목으로 깔릴 수밖에 없다.

> 따사로운 봄볕에/ 소금물 풀고 금(禁)줄 두른 항아리 속/ 일곱 덩이 메주가 뒹군다/ 항아리에/ 한낮의 햇볕 일곱 스푼/ 밤공기 다섯 바가지/ 새벽이슬 세 방울/ 빨간 고추와 숯검뎅이/ 그리고/ 어머니의 사랑과 언니의 정성/ 우리 집 남편의 내공도 함께 담근다./ 소금과, 콩으로 만든 메주 위에/ 대문 밖에 서성이는 새봄도/ 장독대로 끌어당겨서/ 야무지고 튼튼한 항아리에 담가/ 햇볕이 잘 드는 장독대에 올려놓으면/ 넘실대는 맑은 물과/ 싹싹 목욕시켜서 넣은 잘 뜬 메주 틈에서/ 은빛 소금은 제 몸 녹여/ 함께 어우러져 잘 익어간다
>
> –「간장 담그기」

위 시는 따사로운 봄볕에서 소금물 풀고 금禁줄 두른 항아리 속에 일곱 덩이 메주를 맑은 물에 싹싹 씻어서 넣고 햇볕이 잘 드는 장독대에 올려놓는 간장 담기의 과정이이다.

그런대 여기에 한낮의 햇볕 일곱 스푼과 밤공기 다섯 바가지, 새벽이슬 세 방울, 빨간 고추와 숯검뎅이 그리고 어머니의 사랑과 언니의 정성과 남편의 내공도 함께 담근다. 그러면 메주들이 맑은 물에서 은빛 소금이 제 몸 녹여 만든 물과 어우러져 잘 익어간다.

여기다 어머니의 사랑과 언니의 정성과 남편의 내공들은 김장과 김치의 맛 못지않게 가족과 삶에 대한 깊은 사랑이 어려 있다.

그렇다고 이선화 시인이 행복한 시절만 있었던 것은 아니다. 시인은 꽃다운 스무 살 즈음 가정형편 때문에 고향을 떠나 객지 생활을 한 적이 있었다.

> 바지랑대로 받쳐든/ 굵은 햇살들이 쏟아지던 그곳/ 혀 굽은 소리가 울타리를 넘어/ 문패 없는 집으로 들어가고/ 청춘들이 살던 골목길이 어슴푸레 스친다// 유난히 꽃을 좋아한 아줌마/ 종일 장기판에 붙어있던 아저씨/ 지금은 하늘나라에서/ 꽃밭과 바둑판을 밤하늘 별들로 그리고 계실까// 자장면 한 그릇/ 둘이 나누어 먹던 서울 생활 접고/ 부모님 곁을 지키며 살겠다고 내려온 고향/ 해진 옷 서른다섯 벌/ 굽 닳은 구두 서른다섯 켤레/ 보자기에 꽁꽁 싸온 세월/ 이제는 저만큼 밀쳐두고/ 내 스무 살/ 그 시절로 돌아가/ 한 송이 고운 꽃 피워 보고 싶다.
>
> —「그곳에 내 스무 살이 살고 있다」

당시 농촌의 사정은 매우 어려웠다. 그래서 농촌 젊은이들은 어린 나이에 청운의 꿈을 안고 고향을 뒤로하고 무조건 상경을 하여 노마드(Nomad) 생활을 시작했다. 그러다 결국 귀소본능으로 귀향을 하는 경우가 많았다.

바지랑대로 받쳐든 굵은 햇살들이 쏟아지던 그곳 혀 굽은 소리가 울타리를 넘어 문패 없는 집으로 들어가고 청춘들이 살던 골목길이 어슴푸레 스친다. 유난히도 꽃을 좋아했던 아줌마, 종일 장기판만 들여다보던 아저씨들은 지금쯤은 하늘나라에서 꽃밭과 바둑판을 밤하늘 별들로 그리고 계실까? 이선화의 그 시절 추억이다.

그리고 짜장면 한 그릇을 둘이 나누어 먹던 서울 생활 접고 부모님 곁을 지키며 살겠다고 고향으로 내려온다. 내려오며 해진 옷 서른다섯 벌, 굽 닳은 구두 서른다섯 켤레와 보자기에 꽁꽁 싸온 세월도 이제는 저만큼 밀쳐두고 내 스무 살 그 시절로 돌아가 한 송이 고운 꽃 피워 보고 싶다고 했다.

이 시로 미루어 볼 때 시인의 서울 생활을 가히 짐작게 한다. 해진 옷 서른다섯 벌, 굽 닳은 구두 서른다섯 켤레와 보자기에 꽁꽁 싸온 세월에서 지금은 추억으로만 회상되는 시인의 애처로움이 느껴지는 시다.

분주하면서도 힘겨운 서울생활의 모습이 농밀하게 그려져 있다. 이런 환경 속에서도 시인의 어머니에 대한 정을 못한 시詩들을 보면 정겹고 단아한 인상을 준다.

> 먹어도, 먹어도 배부르지 않던 시절/ 따뜻한 밥 배부르게 먹이고 싶었던 어머니/ 알밤이라도 먹고 배 채우라 하시며/ 한바탕 수다가 식탁 위로 흩어지고
>
> –「설빔」 중에서

> 구석진 모퉁이에 앉아/ 쑥, 꽃다지, 망태나물 팔던 울 엄니는/ 수건으로 얼굴을 가리고 고개를 숙였다// 그런다고/ 내가 몰라볼 거라고 생각하는 걸까// 아무리 숨어도/ 울 엄마를 한눈에 알아보는/ 내 눈인데 –「시골 장날」 중에서

> 병원 침대 위로 논이랑 밭이랑 옮겨놓고/ 어영차, 어영차 모내기 끝내고/ 설렁설렁 고추 모종 심는다
>
> –「내가 부른 자장가」

위 시들을 보면 시인의 어린 시절과 어머니에 대한 질펀한 스펙트럼을 보여준다. 그만큼 그는 사무치고

뼈저린 효孝를 간직하고 일상을 살아왔다.

3. 인간과 자연의 소통

우리가 시를 읽는 이유는 우선 시가 간직하고 있는 심미의 세계를 경험하는 것이다. 아울러 시가 전달하고자 하는 교훈이나 그 형상의 본질을 아는 것이다.

이 중에서 전자는 주로 시의 형식적 장치와 밀접한 관련이 있으며, 후자는 시의 내용적 측면과 관계를 맺고 있다.

> 바람의 이랑 타고/ 붉은 속살을/ 겹겹이 벗어던지는 삼월// 봄볕에/ 온갖 꽃들이 너털웃음 던지며/ 데구르르, 데구르르/ 굴러갔다 돌아온다// 봄 잔치 벌이던 꽃 잔디/ 통증을 앓는 젊은 연인들처럼/ 바람 따라 휘날리는 꽃잎에/ 연서 하나씩 띄워 보내고// 한 잎 한 잎/ 떨어지는 꽃잎들/ 잊혀 가는 시간 앞에/ 가슴이 먹먹해 온다. －「낙화」

인용된 시는 관조로 세상을 보는 작가의 세계관을 드러낸 시다. 작가의 인식이 얼마나 생태적 합리성에 접맥 되어 있는가를 잘 보여준 시라 하겠다. 이 시에 나타난 이선화의 시는 그의 정서와 자연이 한 몸을 이루며 찾아내는 삶의 화음이다.

"바람의 이랑 타고 붉은 속살을 겹겹이 벗어던지는 삼월 봄 잔치 벌이던 꽃 잔디에서나 통증을 앓는 젊은 연인들처럼 바람 따라 휘날리는 꽃잎에 연서 하나씩 띄워 보내고" 라는 시어들은 형상미학으로써 빛난다.

"한 잎 한 잎 떨어지는 꽃잎들, 잊혀 가는 시간 앞에 가슴이 먹먹해 온다"에서는 상상력과 연상에 의해 감동을 창출하려는 작가의 의도가 충만하다.

붉은 속살을 겹겹이 벗어 던지며 바람의 이랑 타고 너털웃음 던지며 돌아온다. 그리고 봄 잔치 벌이던 꽃 잔디와 통증을 앓는 젊은 연인들처럼 바람 따라 휘날리는 꽃잎에 연서 하나씩 띄워 보내고 한 잎 한 잎 떨어지는 꽃잎들에 잊혀 가는 시간 앞에 가슴이 먹먹해 온다.

비록 지는 낙화이지만 얼마나 낭만적인가?

> 폭포수에 정 하나 내려놓고/ 긴 세월의 실타래 푸느라/ 봄 아지랑이 타는 그녀// 풍경 소리로 에워싼 뜰

마다/ 까치가 흘리고 간/ 홍시 색 복사꽃 이파리들을/ 매달고 있다// 어디서 물고 왔을까/ 앵두 빛 씨앗 하나/ 미륵님 전 앞에 놓고// 중얼거리는/ 날다람쥐 한 쌍/ 전생의 인연 찾아 왔나 보다. —「용문사의 봄」

이선화 시인은 정서가 봄 같은 삶을 지향하고 있어 살아가는 삶의 지속성과 봄 의식을 모티브로 한 순수 자연시인이다.

이선화는 폭포수에 정情 하나 내려놓고 긴 세월의 실타래 푸느라 봄 아지랑이 타는 그녀 풍경 소리로 에워싼 뜰마다 까치가 흘리고 간 홍시 색 복사꽃 이파리들을 매달고 있다고 했다.

또한 어디서 물고 온 앵두 씨앗 하나를 미륵전 앞에 놓고 중얼 거리는 날다람쥐가 전생의 인연을 찾아왔다고 하는 것은 불교의 윤회사상이다.

갓 피어난 연초록 잎들이/ 아침이슬에/ 제 몸을 씻고 있다// 늦깎이로 핀 개나리는/ 쭈그러진 이파리들을/ 온몸으로 감싸 안고 파르르 떨며// 하루하루 마지막인 듯/ 더 살고 싶어/ 꽃잎처럼 날리는/ 이파리들의 숫자를 헤아린다// 제 살 다 내놓고/ 골짝마다 시샘 부리는 봄꽃들/ 서로의 안부가/ 넋을 놓고 앉아 있다// 꽃잠에서 미처 깨어나지 못한/ 새아씨 같은 어린 나무들/ 봄바람 타고 온 향기가 선잠을 깨운다. —「늦봄 길」

이선화 시인의 시세계 지향점은 '삶이 시와 자연스럽게 만나는 그곳'에 대한 치열한 사유다. 또한 그 감각적 표현 양태는 여러 작품에 보이는 '꽃'에 모인다. 이 시에서도 하루하루 마지막인 듯 더 살고 싶어 꽃잎처럼 날리는 이파리들의 숫자를 헤아린다고 했다.

그것은 주어진 삶을 지극히 성실하고 경건하게 살아낸 과정이요 결과가 아니고는 불가능하다. 또한 제 살 다 내놓고 골짝마다 시샘 부리는 봄꽃들이 서로의 안부를 물으며 넋을 놓고 앉아 있다고 했다. 지극한 순수와 관조 그리고 시인의 자연과 일체감을 회복하는 시편들로써 깊은 울림의 시선을 보여주고 있는 시구詩句다.

4. 삶의 순간, 순간들이 녹아들어

시詩 찾아 나선 지/ 강산이 몇 번을 변했는데/ 시상詩想은 여전히 제자리를 맴돌고/ 벼르다가 시 한 편 쓰려면/ 바위처럼 문을 열어주지 않는다// 말없이 피어나는 연꽃 같은 시와/ 머무르고 싶었던 먼 산에서/ 바람 이야기처럼 전해주는/ 가슴에 담긴 시를 쓸 수 없을까// 정지용 시비 공원에는/ 사랑하고 싶은 작가들의 시들이/ 하늘에서 잎 새처럼 내려와/ 별처럼 나를 보고 있었다// 생각의 이랑이 속살거리는 벤치에서/ 옛 친구가 들려주던 꿈같은 이야기가/ 지금도 들려오는/ 그리움 단단한 시 하나 건져 올리고 싶다. －「나의 시」

첫째 연에서 그는 '시詩 찾아 나선 지 강산이 몇 번을 변했는데 시상詩想은 여전히 제자리를 맴돌고 벼르다가 시 한 편 쓰려면 바위처럼 문을 열어주지 않는다고 했다.' 그러면서 '말없이 피어나는 연꽃 같은 시와 머무르고 싶었던 먼 산에서 바람 이야기처럼 전해주는 가슴에 담긴 시를 쓸 수 없을까?'라고 토로했다.

그리고 '생각의 이랑이 속살거리는 벤치에서 옛 친구가 들려주던 꿈같은 이야기가 지금도 들려오는 그리움 단단한 시 하나 건져 올리고 싶다.'고 소망했다.

필자는 이 시집을 읽으면서 이선화 시인에게 그 소망을 이루었다고 말해주고 싶다.

시는 진실을 그리는 마음의 채색화彩色畵라면 이선화 시인의 시상은 푸른 풀밭에 떨어지는 햇살의 아름다움과 바람의 상큼한 소리를 놓치지 않는 감성感性의 상징象徵을 시화詩化한다.

이는 자연의 이법理法을 시인의 정신으로 수용하여 다시 삶의 일상에 맞닥뜨리는 경험을 찬찬히 녹여낸 비유의 옷을 입힌다. 그러므로 아름다움의 숲을 이루는 시어들의 묘미에서 이선화의 시는 인간미를 함축한다.

그리움과 사랑이 하나의 공간에서 나오는 그림이고 추억을 그리워하는 시심詩心의 추구는 순수를 찾아가는 아름다움이기에 그의 시는 메마른 정서를 부드러움으로 감쌀 수 있는 신서정新抒情의 시적 무드를 챙긴다.

고향과 자연 그리고 시심의 아련한 기억이 조화된 시의 맛은 그리움의 총체적인 암시가 되고 육친간의 정감은 시의 온기를 자극하는 원천으로의 길을 만들고 있다.

아무리 습작을 해도 시詩가 나오지 않아 괴로워하던 그였다. 삶에 찾아오는 고난들이 시의 동력이라 말하는 그에게 그리움을 간직하고 있는 또 다른 대상은 어린 시절과 고향의 자연이었다.

봄이 되면 흐드러지게 피어나는 살구나무 꽃을 보며 그 아름다움에 취해 쉬이 잠들 수 없었다. 지리산 기슭에 지천으로 피어나는 진달래꽃, 한 치 앞을 내다볼 수 없는 자욱한 안개 속을 걸으며 구름 속을 걷듯 시詩를 생각하며 다니던 기억 등 마음속 깊이 새기고 있는 아름다운 장면들을 시로 채워 벌써 두 번째 시집을 낸다.

이선화 시인은 자신이 곧 자신의 시세계로 이어졌다고 말했다. 점점 삶이 늘어나는 동안 가슴 속에 응어리졌던 것, 빛났던 것, 그리운 것 등 수많은 기억과 감정들이 자신의 안에서 밀려나올 때 시가 완성되었기 때문이다.

그가 발표한 90편의 시 속에는 평소에 간직해온 삶의 순간들이 녹아있다. 그리고 자연과 사물의 속내며 바닥에 숨겨진 비밀을 들추어내는 매력적인 연출과 눈부신 함의를 특징으로 삼는다.

누구나 남에게는 낯설지만 당사자에게는 익숙한 것들이 있다. 환경이어도 좋고 장소나 도구와 같은 외적인 것들도 있지만 좋아하는 색감이라든가 소리나 맛, 추억과 같은 내적인 재료를 배합하여 시인만의 비밀하면서도 특별한 향료를 만들어낸다.

이선화 시인의 이번 시집에서는 시인이 만들어낸 각종 비법들을 하나씩 맛보는 재미가 쏠쏠하다. 계곡물소리, 꽃잎 떨리는 소리, 목탁 소리가 가득한 시들은 삼라만상의 자연을 맛보고 그 향기로 숨 쉬며 목마른 삶의 갈증을 해소해 주는 기쁨으로 화엄* 華嚴 수행을 하고 덕을 쌓아 삶을 장엄하게 하는 일을 즐기게 된다.

---

* 수행을 하고 덕을 쌓아 삶을 장엄하게 하는 일

그곳에 내 스무 살이 살고 있다

인 쇄 2020년 5월 10일
발 행 2020년 5월 20일
지은이 이선화
발행인 서정환
펴낸곳 신아출판사
주 소 전라북도 전주시 완산구 공북1길 16
전 화 (063) 275-4000, 252-5633
팩 스 (063) 274-3131
이메일 sina321@hanmail.net
출판등록 제465-1984-000004호
인쇄 · 제본 신아출판사

ISBN 979-11-5605-764-2 [03810]
값 12,000원

이 도서의 국립중앙도서관 출판예정도서목록(CIP)은 서지정보유통지원시스템 홈페이지(http://seoji.nl.go.kr)와 국가자료종합목록구축시스템(http://kolis-net.nl.go.kr)에서 이용하실 수 있습니다. (CIP제어번호:2020015794)

Printed in KOREA

※ 이책은 지역문화예술육성지원사업의 지원을 받았습니다.